AF372633

LOI

SUR

LA GARDE NATIONALE

Des 8 Avril, 28 Mai et 13 Juin 1851,

SUIVIE DES

LOIS, DÉCRETS ET ARTICLES DE LOIS

QUI S'Y RATTACHENT.

PRIX : 30 CENT.

PARIS

Chez DURAND, ÉDITEUR

32, RUE RAMBUTEAU

1851

PAR S. — IMPRIMERIE BEAULÉ ET COMP.
rue Jacques de Brosse, 10.

LOI

SUR LA

GARDE NATIONALE

TITRE PREMIER.

Dispositions générales.

Art. 1er. Le service de la gardè nationale consiste :

1° En service ordinaire dans l'intérieur de la commune ;

2° En service de détachement hors du territoire de la commune ;

3° En service de corps mobilisés pour seconder l'armée de ligne dans les limites fixées par la loi.

2. La garde nationale est organisée dans toute la République ; elle l'est par commune, et à Paris par arrondissement municipal.

Les compagnies communales d'un canton peuvent être formées en bataillons cantonaux et en légions par décret du Pouvoir exécutif, les conseils municipaux de la circonscription entendus.

Dans aucun cas, la garde natienale ne peut être organisée par département, ni par arrondissement de sous-préfecture.

Cette disposition n'est pas applicable au département de la Seine.

3. Cette organisation est permanente : toutefois, le Président de la République peut suspendre ou dissoudre, en tout ou en partie, la garde nationale dans des lieux déterminés.

Dans le cas de suspension, la garde nationale est remise en activité dans l'année, à compter du jour de la suspension.

Dans le cas de dissolution, la garde nationale est réorganisée dans les deux ans.

Le tout, à moins que ces délais n'aient été prorogés par une loi spéciale.

En cas d'urgence, le préfet peut prononcer provisoirement la suspension. Cette suspension n'a d'effet que pendant trois mois, si, dans l'intervalle, elle n'est pas maintenue, ou si la dissolution n'est pas prononcée par le Gouvernement.

Dans tous les cas de suspension ou de dissolution, le préfet peut ordonner le dépôt des armes dans un lieu déterminé, sous les peines portées par l'art. 3 de la loi du 24 mai 1834 (1).

4. La garde nationale est placée sous l'autorité des maires, des sous-préfets, des préfets et du ministre de l'intérieur.

Lorsque, d'après les ordres du préfet et du sous-préfet, la garde nationale de plusieurs communes est réunie, soit au chef-lieu du canton, soit dans toute autre commune, elle est sous l'autorité du maire de la commune où a lieu la réunion,

Sont exceptés les cas déterminés par les lois, où la garde nationale est appelée à faire un service militaire et est mise sous les ordres de l'autorité militaire.

---

(1) Voir la note A, pag. 41.

5. Les citoyens ne peuvent ni prendre les armes, ni se rassembler comme gardes nationaux, avec ou sans uniforme, sans l'ordre des chefs immédiats, et ceux-ci ne peuvent donner cet ordre sans une réquisition de l'autorité civile.

6. Aucun chef de poste ne peut faire distribuer de cartouches aux gardes nationaux placés sous son commandement, si ce n'est en vertu d'ordre précis ou en cas d'attaque de vive force.

TITRE II.

De l'organisation de la garde nationale.

SECTION PREMIÈRE. *De la composition de la garde nationale.*

7. La garde nationale se compose, sauf les exceptions ci-après, de tous les Français, à partir de l'âge de vingt ans.

8. Ne font pas partie de la garde nationale :

1° Les ministres des différents cultes reconnus par l'Etat ; les élèves des grands séminaires et des facultés de théologie ;

Les membres ou novices des associations religieuses vouées à l'enseignement, autorisées par la loi ou reconnues comme établissements d'utilité publique ;

2° Les militaires des armées de terre et de mer en activité de service, en disponibilité ou en non-activité ;

Les administrateurs ou agents commissionnés des services de terre ou de mer en activité ; les comptables, magasiniers, préposés de dépôt, distributeurs, infirmiers et autres agents inférieurs des ports, arsenaux et établissements de la marine ; les ouvriers des ports, des arsenaux et manufactures d'armes organisés militairement. Ne sont point compris dans cette disposition les commis et employés des bureaux de la marine au-dessous du grade d'aide-commissaire ;

3° Les officiers, sous-officiers et soldats des gardes municipales et autres corps soldés ;

4° Les préposés des services actifs des douanes ;

5° Les directeurs et concierges des maisons d'arrêt ; les gardiens-chefs et gardiens ordinaires des prisons, et les autres agents inférieurs de justice et de police ;

6° Ceux que des infirmités mettent pour toujours hors d'état de faire aucun service. La nature de ces infirmités et le mode de les constater seront déterminés par un règlement d'administration publique.

9. Sont exclus de la garde nationale :

1° Tous les individus énumérés en l'art. 8 de la loi du 31 mai 1850 (1) ;

2° Les individus privés, par jugement, de l'exercice de leurs droits civils ou politiques ;

3° Les individus condamnés à trois mois de prison au moins, par application de la loi du 27 mars 1851 (2).

SECTION II. *Du service ordinaire et de la réserve.*

10. Le service de la garde nationale se divise en service ordinaire et service de réserve.

11. Les citoyens inscrits sur le contrôle du service

(1) Voir la note B, pag. 41.
(2) Voir la note C. pag. 53.

ordinaire sont appelés à tous les services d'ordre et de sûreté, ainsi qu'aux exercices et aux revues.

12. Les citoyens inscrits sur les contrôles de la réserve ne peuvent être appelés qu'extraordinairement, et en vertu d'un arrêté du préfet.

-13. Sont inscrits au contrôle du service ordinaire tous les citoyens âgés de vingt et un ans au moins, domiciliés depuis un an dans la commune, et non compris dans les dispositions de l'article suivant.

Les compagnies et subdivisions de compagnies sont formées des gardes nationaux inscrits sur le contrôle du service ordinaire, dans les circonscriptions où se trouve leur domicile.

Peuvent être, en outre, inscrits au contrôle du service ordinaire dans une commune autre que celle de leur domicile réel, les citoyens qui résident habituellement une partie de l'année dans cette commune.

Dans ce cas, le service est dû, tant dans la commune du domicile réel que dans celle de la résidence habituelle.

14. Sont placés dans la réserve :

1° Les citoyens âgés de moins de vingt-un ans, et ceux qui ont moins d'un an de domicile dans la commune;

2° Ceux pour lesquels le service habituel serait une charge trop onéreuse;

3° Les préposés du service actif des contributions indirectes, des octrois et des administrations sanitaires, les cantonniers et éclusiers, les gardes-champêtres et forestiers;

4° Les facteurs de la poste aux lettres, les agents des lignes télégraphiques et les postillons de l'administration des postes reconnus nécessaires à ces services publics; les machinistes et chauffeurs des chemins de fer et bateaux à vapeur;

5º Les portiers et les domestiques attachés au service de la personne.

15. Peuvent se dispenser du service de la garde nationale :

1º Les membres de l'Assemblée nationale, les ministres et les sous-secrétaires d'État ;

2º Les conseillers d'État et les maîtres des requêtes ;

3º Les membres des cours et tribunaux et les greffiers de justice de paix ;

4º Les membres des conseils de préfecture ;

5º Les directeurs, médecins et chirurgiens des hôpitaux et hospices civils et des asiles d'aliénés ;

6º Les citoyens âgés de plus de cinquante-cinq ans ;

7º Les anciens militaires ayant cinquante ans d'âge et vingt années de service ;

16. Sont temporairement dispensés du service de la garde nationale ceux qu'un service public, une absence, une maladie ou une infirmité duement justifiés d'après les formes qu'établira le règlement du service ordinaire, mettent dans l'impossibilité de faire le service.

17. Le service de la garde nationale est incompatible avec les fonctions qui confèrent le droit de requérir la force publique.

18. Le service de la garde nationale est personnel ; néanmoins, le remplacement pour le service ordinaire est permis entre le père et le fils, les frères, l'oncle et le neveu, ainsi qu'entre alliés au même degré, pourvu toutefois que le remplaçant et le remplacé appartiennent à la même compagnie.

Les gardes nationaux de la même compagnie qui ne sont ni parents ni alliés aux degrés ci-dessus désignés peuvent seulement, et avec l'autorisation des chefs, changer leurs tours de service.

19. Peuvent être appelés à faire partie du service ordinaire les étrangers admis à la jouissance des droits civils, conformément à l'article 13 du Code civil (1).

SECTION III. *De l'inscription des gardes nationaux, de leur répartition entre le service ordinaire et la réserve, du jugement des dispenses, etc.*

20. L'inscription des gardes nationaux sur les contrôles de la garde nationale, leur répartition entre le service ordinaire et la réserve, leur classement entre les compagnies, et l'appréciation des causes de dispense, sont faits par les conseils de recensement, sauf recours devant le jury de révision.

§ Ier. — Des conseils de recensement.

21. Il y a par commune, et à Paris par arrondissement, un conseil de recensement.

Dans chaque commune, le nombre des membres de ce conseil est égal à celui des conseillers municipaux ; il est ajouté un membre de plus, si le conseil municipal est constitué en nombre impair.

Les membres du conseil de recensement sont choisis,

Moitié sur la désignation et dans le sein du conseil municipal ;

Moitié par le préfet ou le sous-préfet, parmi les citoyens aptes à faire partie du service ordinaire de la garde nationale.

---

(1) Voir la note D, pag. 55.

Le maire fait partie du conseil comme membre de droit, et le préside. A son défaut, le conseil est présidé par un adjoint ou par un membre du conseil municipal, désigné par le maire.

A Paris, le conseil de recensement de chaque arrondissement est composé de seize membres nommés par le préfet, en nombre égal pour chaque bataillon, parmi les citoyens faisant partie du service ordinaire de la garde nationale.

S'il y a lieu à établir une légion de cavalerie à Paris, le conseil de recensement sera composé de douze membres choisis par le préfet parmi les gardes nationaux faisant ou ayant fait partie de cette arme.

Il sera présidé par un délégué du préfet.

22. Les conseils de recensement sont renouvelés tous les ans par moitié.

Les membres du conseil sont toujours rééligibles.

23. Après trois absences consécutives et non justifiées, les membres du conseil sont réputés démisionnaires.

24. En cas de réorganisation de la garde nationale après dissolution, ou de dissolution du conseil municipal, le sous-préfet désigne les citoyens qui doivent provisoirement remplacer les membres du conseil de recensement appartenant soit à la garde nationale, soit au conseil municipal dissous.

§ 2. — Des jurys de révision.

25. Il y a un jury de révision par chaque canton.

Lorsqu'une ville est le chef-lieu de plusieurs cantons, il n'y a qu'un jury de révision pour tous ces cantons, lors même que leur ressort comprend d'autres communes.

Chaque jury de révision est composé de douze jurés désignés par le sort sur une liste de cent-cinquante gardes nationaux sachant lire et écrire, et âgés de plus de vingt-cinq ans.

Cette liste est dressée par le sous-préfet, sur les présentations faites par les maires des diverses communes, à raison de deux cents candidats par chaque canton. Un arrêté du sous-préfet détermine, proportionnellement à la population des diverses communes, le nombre des candidats qui doivent être pris dans chacune d'elles.

Dans tous les cas, il ne sera présenté qu'une liste de deux cents candidats pour la formation d'un jury de révision.

A Paris, le jury de révision est composé d'un nombre de membres égal à celui des légions.

Dans chaque légion, un juré titulaire est désigné par le sort sur une liste de vingt-cinq gardes nationaux remplissant les conditions indiquées au paragraphe 2 du présent article, et faisant partie de la légion.

Ces listes sont dressées par le préfet.

Les vingt-cinq gardes nationaux qu'il désigne sont choisis sur une liste de cinquante candidats présentée par le maire de l'arrondissement.

Il est désigné, pour chaque jury, dans les formes déterminées par le présent article, un nombre de suppléants égal à celui des jurés titulaires.

26. Le jury de révision est présidé par le juge de paix.

A Paris, et dans les villes dont le territoire est divisé en plusieurs cantons, un roulement détermine, d'après les règles fixées par le ministre de la justice, l'ordre dans lequel chacun des juges de paix doit présider.

27. Le tirage des jurés et des jurés suppléants est fait par le président du jury, en audience publique.

Les membres du jury désignés par le sort, sauf ceux qui auront été temporairement excusés, sont rayés de la liste, et ne peuvent y être rétablis qu'après les élections générales.

Le renouvellement intégral des jurés a lieu à l'époque des élections générales de la garde nationale.

Le jury, constitué suivant le paragraphe 1er du présent article, fonctionne pendant une année entière.

28. Le jury ne peut prononcer qu'au nombre de sept membres au moins, y compris le président. Les décisions sont prises à la majorité absolue : en cas de partage, la voix du président est prépondérante.

29. Tout juré absent, et non valablement excusé, est condamné par le juge de paix à une amende de cinq à dix francs.

30. Les décisions du jury ne sont susceptibles de recours devant le Conseil d'etat, que pour incompétence, excès de pouvoir, ou violation de la loi.

La contrariété de décisions rendues en dernier ressort, relativement à la même personne, par des conseils de recensement ou des jurys de révision différents, donne lieu au recours devant le Conseil d'état.

31. Les fonctions de membre du conseil de recensement et de membre du jury de révision sont incompatibles.

32. Un décret du Président de la République détermine le nombre, le rang et le mode de nomination des rapporteurs, des rapporteurs adjoints et des secrétaires attachés aux jurys de révision.

§ 3. — Disposition commune au conseil de recensement et au jury de révision.

33. Les formes de procéder des conseils de recensement et des jurys de révision sont déterminées par un règlement d'administration publique

SECTION IV. *Formation de la garde nationale.*

34. La garde nationale, en service ordinaire; est organisée en subdivisions de compagnies, en compagnies, en bataillons et en légions d'infanterie.

Des décrets du Président de la République établissent les règles d'après lesquelles ces corps sont formés dans les circonscriptions déterminées par l'article 2.

Il pourra être établi, par décret du Président de la République, les conseils municipaux entendus, des pelotons, escadrons ou légions de cavalerie dans les villes et cantons où cette organisation sera jugée nécessaire.

Partout où il n'existe pas de corps so'dé de sapeurs-pompiers, il est, autant que possible, formé des compagnies ou des subdivisions de compagnie de sapeurs-pompiers volontaires faisant partie de la garde nationale.

Dans les places de guerre, les ports de commerce et les cantons maritimes, il pourra être formé, par décret du Président de la République, soit des batteries ou subdivisions de batteries d'artillerie, soit des compagnies ou subdivisions de compagnies de marins, gardes-côtes et ouvriers de marine.

Dans toutes les autres villes, les batteries ou subdivisions de batteries d'artillerie déjà organisées pourront être maintenues par décret du Président de la République, le conseil municipal entendu.

Ces compagnies et batteries, suivant l'importance de leur effectif, pourront être placées sous le commandement d'un officier supérieur, en restant sous l'autorité du chef de la garde nationale de la circonscription.

L'admission des gardes nationaux dans les armes spéciales de cavalerie, de sapeurs-pompiers, d'artilleurs, de marins, de gardes-côtes et d'ouvriers de marine, est prononcée par les conseils de recensement créés par l'article 21, sauf ce qui est dit dans cet article pour la légion de cavalerie de Paris.

Les décisions du conseil de recensement en pareille matière ne sont pas susceptibles de recours devant le jury de révision.

SECTION V. *De l'élection aux grades.*

35. Les gardes nationaux portés sur le contrôle du service ordinaire nomment leurs officiers, sous-officiers et caporaux.

36. Toutes les élections sont faites sous la présidence du maire, d'un adjoint ou d'un membre du conseil municipal, pris dans l'ordre du tableau, assisté de deux membres du conseil de recensement.

37. Les chefs de bataillon et le porte-drapeau sont élus par tous les officiers du bataillon et par un nombre égal de délégués nommés dans chaque compagnie.

38. Les chefs de légion et les lieutenants-colonels sont nommés par tous les officiers de la légion réunis aux délégués qui, aux termes de l'article 37, concourent à la nomination des chefs de bataillon et porte-drapeau.

39. Aucun officier supérieur n'est valablement élu qu'autant que plus de la moitié des électeurs ont concouru à l'élection, et qu'il a réuni plus de la moitié des suffrages exprimés.

40. Les officiers, sous-officiers, caporaux et délégués ne peuvent être élus que parmi les citoyens inscrits au contrôle du service ordinaire. Néanmoins, les anciens officiers de l'armée qui auraient usé de la dispense qui leur est accordée par l'article 16 peuvent être élus ou nommés à des grades dans la garde nationale.

Les chefs de légion et les lieutenants-colonels peuvent être choisis :

Pour le département de la Seine, dans toute l'étendue du département ;

Pour les autres départements, dans la commune ou dans le canton, suivant que la légion est communale ou cantonale.

Les chefs de bataillon et le porte-drapeau sont choisis :

A Paris et dans les communes où il existe plusieurs légions, dans la circonscription de la légion ;

Dans les autres communes ou cantons, dans la circonscription de la commune ou du canton, selon que le bataillon est communal ou cantonal.

Les officiers de compagnie sont choisis dans la circonscription du bataillon ; les sous-officiers et caporaux, dans la circonscription de la compagnie.

41. Les élections d'officiers, sous-officiers et caporaux de compagnie ne sont valables qu'autant que le tiers au moins des gardes nationaux inscrits y a pris part.

Si le nombre des votants est inférieur au tiers, les

gardes nationaux seront convoqués de nouveau au jour fixé par le maire.

Si le nombre des votants est encore inférieur au tiers, les gardes nationaux sont convoqués une troisième fois, et l'élection est faite par les électeurs présents, quel que soit leur nombre.

42. L'élection des capitaines a lieu successivement pour chaque emploi, au scrutin individuel et secret, et à la majorité absolue des suffrages.

Si l'effectif de la compagnie comporte plusieurs lieutenants ou sous-lieutenants, ces officiers sont élus par bulletin de liste, au scrutin secret, pour chaque grade, et à la majorité absolue des suffrages.

Après deux tours de scrutin, si la majorité absolue n'a été obtenue par aucun des candidats, ou ne l'a pas été par un nombre de candidats égal à celui des emplois à conférer, il est procédé à un scrutin de ballotage sur une liste double du nombre d'officiers restant à nommer, et comprenant les candidats qui ont obtenu le plus grand nombre de voix au second tour.

L'élection ne peut avoir lieu que sur cette liste.

Les lieutenants et sous-lieutenants prennent rang entre eux suivant l'ordre de leur nomination : d'après le nombre des suffrages obtenus, s'ils ont été nommés au même scrutin ; d'après l'âge, si deux ou plusieurs d'entre eux ont obtenu le même nombre de suffrages au même tour de scrutin.

Les délégués sont élus sur bulletin de liste, et à la majorité relative, immédiatement après les officiers.

Les sergents-majors et les fourriers sont élus sur bulletins individuels ; les sergents et caporaux sur bulletins de liste.

Dans les deux cas, l'élection a lieu à la majorité relative.

Aucun scrutin n'est fermé qu'après un appel et un réappel.

43. Tout garde national ayant droit de particiſer à l'élection a le droit d'arguer les opérations de nullité. Si sa réclamation n'a pas été consignée au procès-verbal, elle est déposée au secrétariat de la mairie, dans les trois jours, à partir du jour de l'élection, à peine de déchéance, et jugée par le conseil de préfecture.

Le préfet ou le sous-préfet peut déférer au conseil de préfecture, dans le délai de quinze jours, à partir du jour où elles ont eu lieu, les élections dans lesquelles les conditions et les formalités légalement prescrites n'ont pas été observées.

44. Si les officiers ne sont pas, dans les deux mois de leur élection, complétement armés, équipés et habillés suivant l'uniforme, ils sont considérés comme démissionnaires et remplacés immédiatement.

45. Les officiers, sous-officiers et caporaux sont élus pour trois ans ; toutefois, les officiers, sous-officiers et caporaux qui, dans le cours de la période triennale, transportent leur domicile dans une autre commune ou dans une circonscription autre que celle où leur grade leur avait été conféré, sont remplacés.

Peuvent être également remplacés dans leur grade, en vertu d'une décision du conseil de recensement, les officiers, sous-officiers et caporaux dont l'absence s'est prolongée au-delà de six mois sans dispense temporaire de service régulièrement accordée.

46. Les officiers, sous-officiers et caporaux sont toujours rééligibles.

47. Les officiers, sous-officiers et caporaux, élus par suite de vacance, ne sont nommés que pour le

temps pendant lequel ceux qu'ils remplacent devaient encore exercer leurs fonctions.

48. Les élections générales doivent être terminées dans les six mois qui suivent l'expiration de la période triennale pour laquelle les grades sont conférés. Des décrets du Président de la République en fixent les époques.

49. Les officiers, sous-officiers et caporaux restent en fonction jusqu'à la reconnaissance de ceux qui les remplacent.

50. Tout officier de la garde nationale peut être suspendu de ses fonctions pendant deux mois, par arrêté motivé du préfet, pris en conseil de préfecture, sur l'avis du maire et du sous-préfet, l'officier préalablement entendu dans ses observations.

La suspension peut être prolongée par un décret du Président de la République.

Si, dans le cours d'une année, l'officier n'a pas été rendu à ses fonctions, il est procédé à une nouvelle élection.

L'officier suspendu n'est rééligible qu'aux élections générales.

51. Dans les communes où la garde nationale forme plusieurs légions, elle peut être placée sous les ordres d'un commandant supérieur nommé par le Président de la République.

52. Les officiers de l'état-major du commandant supérieur sont nommés par le Président de la République.

53. Les chirurgiens-majors, les aides-majors et autres officiers de santé sont nommés par le Président de la République.

Il en est de même des majors et des adjudants-majors.

L'adjudant sous-officier est nommé par le chef de légion ou de bataillon.

Le capitaine d'armement est nommé par le commandant supérieur ou le préfet, sur une double présentation faite par le maire et le chef de corps.

54. Il sera nommé aux emplois autres que ceux désignés ci-dessus, sur la présentation du chef de corps, par le maire, ou si les gardes communales sont réunies en bataillon, par le sous-préfet.

55. Ces officiers devront avoir leur résidence dans la circonscription de la légion, du bataillon et de la compagnie, selon leur rang.

56. Les officiers et sous-officiers rapporteurs et secrétaires des conseils de discipline sont choisis par le sous-préfet, sur des listes de trois candidats désignés par le chef de corps.

Ils sont nommés pour trois ans et peuvent être réélus.

Le préfet, sur le rapport des maires et des chefs de corps, pourra les révoquer : il sera immédiatement pourvu à leur remplacement par le mode ci-dessus indiqué.

57. Les militaires des armées de terre et de mer placés dans une des positions énumérées à l'art. 8 de la présente loi ne peuvent être appelés dans la garde nationale à aucun autre emploi que ceux de commandant supérieur et de chef d'état-major.

SECTION VI. *Des armes et de l'uniforme.*

58. Les communes sont responsables, sauf leur recours contre les gardes nationaux, des armes que le Gouvernement a jugé nécessaire de leur délivrer; ces armes restent la propriété de l'État.

L'entretien de l'armement est à la charge du garde national ; les réparations, en cas d'accident causé par le service, sont à la charge de la commune.

Les gardes nationaux détenteurs d'armes appartenant à l'État qui ne présentent pas ou ne font pas présenter ces armes aux inspections générales annuelles prescrites par les règlements peuvent être condamnés à une amende de un fr. au moins et de cinq fr. au plus, au profit de la commune.

Cette amende est prononcée et recouvrée comme en matière de police municipale.

59. L'uniforme est obligatoire pour tous les officiers.

Il est obligatoire pour les sous-officiers, caporaux et gardes nationaux des chefs-lieux de département et d'arrondissement, et pour toutes les communes qui ont une population agglomérée de plus de trois mille âmes.

Il peut être rendu obligatoire dans les autres communes, de l'avis du conseil municipal, par décret du Président de la République.

L'uniforme est déterminé par des décrets du Président de la République.

SECTION VII. *Des préséances.*

60. Les diverses armes dont se compose la garde nationale sont assimilées, quant aux préséances, aux armes correspondantes de l'armée.

Les sapeurs-pompiers sont assimilés aux sapeurs-mineurs.

Néanmoins, quand la garde nationale est réunie, les différentes armes doivent prendre la place qui leur est assignée par l'officier qui commande.

61. Dans tous les cas où les gardes nationales sont de service avec les corps soldés, elles prennent le rang sur eux.

Le commandement dans les fêtes ou cérémonies appartient à celui des officiers des divers corps qui a la supériorité du grade ; à grade égal, à celui qui est le plus ancien, et, à égalité d'ancienneté, au plus âgé.

Tous les officiers nommés pour la première fois ou promus aux élections générales sont réputés avoir été élus le même jour.

L'ancienneté de grade est comptée aux officiers, sous-officiers et caporaux de la garde nationale de l'époque à partir de laquelle ils ont été, sans aucune interruption, en possession de leur grade.

SECTION VIII. *Des dépenses de la garde nationale.*

62. Les dépenses de la garde nationale sont votées, réglées et surveillées comme toutes les autres dépenses municipales.

63. Les dépenses de la garde nationale sont obligatoires ou facultatives.

Les dépenses obligatoires sont :

1° Les frais d'achats de drapeaux, tambours et trompettes.

2° Les réparations, l'entretien et le prix des armes, sauf recours contre les gardes nationaux, aux termes de l'art. 58 ;

3° Le loyer, l'entretien, le chauffage, l'éclairage et le mobilier des corps de garde ;

4°. Les frais de registres, papiers, contrôles, billets de garde et tous les menus frais de bureaux qu'exige le service de la garde nationale.

5° La solde et l'habillement des tambours et trompettes, dans les communes où l'uniforme est obligatoire.

Toutes autres dépenses sont facultatives.

64. Lorsqu'il est créé des bataillons cantonnaux, la répartition de la portion afférente à chaque commune du canton dans les dépenses obligatoires du bataillon, autres que celles des compagnies, est faite par le préfet, en conseil de préfecture, après avoir pris l'avis des conseils municipaux.

Cette répartition a lieu proportionnellement à la population de chaque commune, et à son contingent dans le principal des quatre contributions directes.

65. Il y a, dans chaque légion ou chaque bataillon formé par les gardes nationaux d'une même commune, un conseil d'administration chargé de présenter annuellement au maire l'état des dépenses nécessaires pour le service de la garde nationale et de viser les pièces justificatives de l'emploi des fonds.

Il y a également, par bataillon cantonnal, un conseil d'administration chargé des mêmes fonctions, et qui doit présenter au sous-préfet l'état des dépenses du bataillon.

La composition de ces conseils est déterminée par un règlement d'administration publique.

66. Dans les communes où la garde nationale comprend une ou plusieurs compagnies non réunies en bataillon, l'état des dépenses est soumis au maire par le commandant.

Pour les corps spéciaux, l'état des dépenses sera présenté par le commandant de la garde nationale, après avoir pris l'avis du commandant de ce corps.

TITRE III:

Du service ordinaire de la garde nationale.

67. Le réglement relatif au service ordinaire, aux revues, exercices et prises d'armes est arrêté :

Pour le département de la Seine, par le ministre de l'intérieur, sur la proposition du commandant supérieur, de l'avis du préfet de la Seine.

Pour les villes et communes des autres départements, par le maire, sur la proposition du commandant de la garde nationale, et sous l'approbation du sous-préfet.

Les chefs pourront, en se conformant à ce règlement, et sans réquisition particulière, mais après en avoir prévenu l'autorité municipale, faire toutes les dispositions et donner tous les ordres relatifs au service ordinaire, aux revues et aux exercices.

Lorsque le service de place est fait en commun par les postes de la garde nationale et de la troupe de ligne, la surveillance reste séparée, excepté dans les cas prévus par le § 3 de l'art. 4 de la présente loi.

Dans les villes de guerre, la garde nationale ne peut prendre les armes ni sortir des barrières qu'après que le maire en a informé par écrit le commandant de la place.

Le tout sans préjudice de ce qui est réglé par les lois spéciales pour l'état de guerre et l'état de siége dans les places.

68. Lorsque la garde nationale est organisée en bataillons cantonnaux et en légions, le règlement sur les exercices est arrêté par le sous-préfet, de l'avis des maires des communes, et sur la proposition du

commandant pour chaque bataillon isolé, et du chef de légion pour les bataillons réunis en légion.

69. Le préfet peut suspendre les revues et exercices dans les communes et dans les cantons, à la charge d'en rendre immédiatement compte au ministre de l'intérieur.

70. Tout garde national commandé pour le service doit obéir, sauf à réclamer ensuite, s'il s'y croit fondé, devant le chef du corps.

TITRE IV.

De la discipline.

———

SECTION PREMIÈRE. *Des peines.*

71. Les chefs de poste ou de détachement peuvent ordonner :

1º Une faction, patrouille ou autre service hors tour contre tout garde national qui a manqné à l'appel ou s'est absenté du poste sans autorisation ;

2º La détention dans la prison du poste, jusqu'à la relevée de la garde, de tout sous-officier, caporal ou garde national de service en état d'ivresse, ou qui s'est rendu coupable de bruit, tapage, voies de fait ou de provocation au désordre ou à la violence; sans préjudice du renvoi au conseil de discipline, si la faute emporte une punition plus grave.

72. Les conseils de discipline peuvent infliger les peines suivantes

1º La réprimande

2º La réprimande avec mise à l'ordre des motifs du jugement :

3° La prison pour six heures au moins et trois jours au plus, avec ou sans mise à l'ordre ;

4° La privation du grade, avec mise à l'ordre ;

5° La radiation des contrôles, avec mise à l'ordre.

S'il n'existe dans la commune ni prison spéciale pour l'exécution des jugements du conseil de discipline, ni local en tenant lieu, la peine de la prison est remplacée par une amende de un franc à quinze francs au profit de la commune du contrevenant.

73. Est puni, selon la gravité des cas, de l'une des peines énoncées sous les numéros 1, 2, 3 et 4 de l'article précédent, tout officier qui, étant de service ou en uniforme, tient une conduite qui compromet son caractère ou porte atteinte à l'honneur de la garde nationale.

Est puni de l'une des mêmes peines, selon la gravité des cas, tout officier ou chef de poste qui commet une infraction aux règles du service, à la discipline ou à l'honneur de la garde nationale, et, notamment, qui contrevient à l'article 5 de la présente loi.

74. Est puni de la prison tout officier ou sous-officier, chef de poste ou de détachement qui, étant de service, s'est rendu coupable :

D'inexécution d'ordres reçus ou d'infraction à l'article 6 de la présente loi ;

De manquement à un service commandé ou d'absence du poste non autorisée ;

D'inexactitude à signaler dans les formes requises les fautes commises par ses subordonnés ;

De désobéissance ;

D'insubordination ;

De manque de respect, de propos offensants ou d'insultes envers les officiers d'un grade supérieur ;

De propos outrageants envers un subordonné ou d'abus d'autorité.

75. Dans le cas où l'ordre public est menacé, tout garde national qui, sans excuse légitime, ne se rend pas à l'appel, est puni d'un emprisonnement qui ne pourra excéder trois jours.

Tout officier, sous-officier ou caporal est en outre privé de son grade.

Le jugement est mis à l'ordre.

Le conseil de discipline peut, de plus, prononcer contre les condamnés la radiation des contrôles du service ordinaire pour un temps, qui n'excédera pas cinq années, et ordonner l'affiche du jugement à leurs frais.

Tout garde national rayé des contrôles du service ordinaire est immédiatement désarmé.

76. Peut être puni, selon la gravité des cas, de la réprimande, de la réprimande avec mise à l'ordre ou de la prison pour deux jours au plus et trois en cas de récidive :

1° Tout sous-officier, caporal ou garde national coupable d'inexécution des ordres reçus, de désobéissance, d'insubordination ou de refus d'un service commandé.

Sont considérés comme services commandés, non-seulement les services commandés dans la forme ordinaire, mais encore les prises d'armes par voie de rappel ou de convocation verbale ;

2° Tout sous-officier, caporal ou garde national de service qui est en état d'ivresse, profère des propos offensants contre l'autorité ou tient une conduite qui porte atteinte à la discipline ou à l'ordre ;

3° Tout sous-officier, caporal ou garde national de

service qui abandonne ses armes, sa faction ou son poste avant d'être relevé;

L'arrivée tardive au lieu de rassemblement, l'absence du poste sans autorisation, et l'absence prolongée au-delà du terme fixé par l'autorisation, peuvent être considérées comme abandon du poste;

4° Tout sous-officier, caporal ou garde national qui enfreint l'article 5 de la présente loi;

5° Tout sous-officier, caporal ou garde national dont l'armement est mal entretenu, ou qui ne fait pas son service en uniforme, dans les communes où l'uniforme est obligatoire.

77. Les infractions commises par les officiers de l'état-major général, par les majors, adjudants-majors et les adjudants sous-officiers, sont punis des peines suivantes :

Les arrêts simples;

Les arrêts forcés avec remise d'armes.

En aucun cas, ces arrêts n'excèdent dix jours.

Les arrêts simples peuvent être appliqués par le supérieur à l'inférieur.

Les arrêts forcés ne sont prononcés que par le commandant supérieur ou le chef du corps.

78. Pour les infractions prévues par l'article 76 de la présente loi, les tambours-majors, tambours-maîtres, tambours et trompettes soldés peuvent être punis, par tout officier sous les ordres duquel ils se trouvent, de la prison pour un temps qui n'excédera pas trois jours.

Dans les communes et les cantons où la garde nationale est formée en légion ou en bataillon, cette peine peut être, selon les circonstances, élevée jusqu'à dix jours de prison par le chef de légion ou le chef de bataillon.

79. Est privé de son grade par le jugement de condamnation tout officier, sous-officier ou caporal qui, après une première condamnation, est, dans les douze mois, puni de la prison, pour une seconde infraction, par le conseil de discipline.

80. Tout officier, sous-officier ou caporal privé de son grade par jugement ne peut être réélu qu'aux élections générales.

81. Le garde national qui vend, détourne ou détruit volontairement les armes de guerre, les munitions ou les effets d'équipement qui lui ont été confiés, est traduit devant le tribunal de police correctionnelle et puni de la peine portée en l'article 408 du Code pénal (1), sauf l'application de l'article 463 du même Code (2).

Le jugement de condamnation prononce la restitution, au profit de la commune, du prix des armes, munitions ou effets.

82. Tout garde national qui, dans l'espace d'une année, a subi deux condamnations du conseil de discipline, peut être, par le jugement qui prononce la seconde condamnation, rayé des contrôles du service ordinaire, pour deux années au plus, avec mise à l'ordre.

83. Après deux condamnations pour refus de service, le garde national est, en cas de troisième refus de service dans l'année, traduit devant le tribunal de police correctionnelle, et condamné à un emprisonnement qui ne peut être moindre de six jours ni excéder dix jours.

En cas de récidive dans l'année, à partir du juge-

---

(1) Voir la note E, pag. 55.

(2) Voir la note B, pag 42.

ment correctionnel, le garde national est traduit de nouveau devant le tribunal de police correctionnelle, et puni d'un emprisonnement qui ne peut être moindre de dix jours ni excéder vingt jours.

Il est, en outre, condamné aux frais et à une amende qui ne peut être moindre de 16 francs ni excéder 30 francs dans le premier cas, et, dans le deuxième, être moindre de 30 fr. ni excéder 100 fr.

84. Dans le cas où un chef de corps, poste ou détachement est poursuivi, devant les tribunaux, comme coupable des délits prévus par les articles 234 et 258 du Code pénal (1), la poursuite entraîne la suspension; en cas de condamnation, le jugement prononce la perte du grade.

SECTION II. *Des conseils de discipline.*

85. Il y a un conseil de discipline :

1° Par bataillon communal ou cantonal ;

2° Par commune ayant une ou plusieurs compagnies non réunies en bataillon ;

3° Par compagnie formée de gardes nationaux de plusieurs communes.

86. Dans les villes qui comprennent une ou plusieurs légions, il y a un conseil de discipline pour juger les colonels et lieutenants-colonels.

87. Le conseil de discipline de la garde nationale d'une commune ayant une ou plusieurs compagnies non réunies en bataillon, et celui d'une compagnie formée de gardes nationaux de plusieurs communes, sont composés de cinq juges, savoir :

Un capitaine, président; un lieutenant ou un sous-

---

(1) Voir la note F, pag. 57.

lieutenant, un sergent, un caporal et un garde national.

88. Le conseil de discipline de bataillon est composé de sept juges, savoir : le chef de bataillon, président ; un capitaine, un lieutenant ou un sous-lieutenant, un sergent, un caporal et deux gardes nationaux.

89. Le conseil de discipline pour les colonels et lieutenants-colonels est composé de sept juges, savoir :

Pour les légions non réunies sous un commandant supérieur ;

D'un chef de légion, désigné par le sort, parmi ceux des cinq légions les plus voisines, président ;

Deux chefs de légion ou deux lieutenants-colonels, suivant le grade du prévenu, désignés selon le mode indiqué dans le paragraphe précédent ;

Deux chefs de bataillon ;

Deux capitaines.

Dans le département de la Seine et dans les villes où il existe un commandant supérieur :

Le commandant supérieur, président ;

Deux colonels ou lieutenants-colonels ;

Deux chefs de bataillon ou d'escadron ;

Deux capitaines.

Le commandant supérieur peut déléguer un colonel pour le remplacer comme président.

90. Lorsque l'inculpé est officier, deux officiers de son grade entrent dans le conseil de discipline en remplacement des deux derniers membres.

Si l'inculpé est chef de bataillon, trois officiers de ce grade entrent dans le conseil de discipline, le plus ancien comme président, et les deux autres comme juges, en remplacement des deux derniers membres.

Dans ce cas, comme lorsqu'il y a lieu de compléter le conseil institué par les articles 86 et 89, le sous-préfet, s'il n'y a pas dans la commune ou dans le ressort du conseil de discipline un nombre suffisant d'officiers du grade de l'inculpé, désigne, par la voie du sort, parmi les officiers du canton, et, s'il ne s'en trouve pas dans le canton, parmi ceux de l'arrondissement, les juges qui doivent compléter le conseil de discipline. A défaut, le préfet les désigne, par la voie du sort, parmi les officiers du département; ou, s'il ne s'en trouve pas du grade voulu dans le département, parmi les officiers des départements voisins.

91. Il y a, par conseil de discipline de bataillon ou de légion, un rapporteur et un secrétaire, et autant de rapporteurs et de secrétaires adjoints que les besoins du service l'exigent. Leur nombre, leur rang et le mode de leur nomination sont déterminés par des décrets du Président de la République.

92. Les conseils de discipline sont permanents; ils ne peuvent juger que lorsque cinq membres, au moins, sont présents dans les conseils de bataillon et de légion, et trois membres au moins dans les conseils de compagnie.

Les juges sont renouvelés tous les quatre mois; néanmoins, à défaut d'autres officiers du même grade, ceux qui en font partie ne sont pas remplacés.

93. Les membres des conseils de discipline sont pris successivement, suivant l'ordre de leur inscription, sur un tableau dressé par le président du conseil de recensement, assisté du chef de bataillon ou du capitaine commandant, si les compagnies ne sont pas réunies en bataillon.

Ce tableau comprend, d'après le contrôle du service ordinaire, par grade et par ancienneté : 1° tous les officiers, la moitié des sous-officiers, le quart des caporaux; 2° un nombre égal de gardes nationaux de chaque bataillon, ou des compagnies de la commune.

ou de la compagnie formée de plusieurs communes.

Pour les conseils de discipline créés par l'article 86, le préfet ou le sous-préfet dresse un tableau, par grade, des colonels, lieutenants-colonels, chefs de bataillon ou d'escadron et capitaines.

Les tableaux prévus aux deux paragraphes précédents sont déposés au lieu des séances du conseil de discipline, où chaque garde national peut en prendre connaissance.

94. Lorsque la garde nationale d'une commune ou d'un canton n'a qu'un seul conseil de discipline, les gardes nationaux faisant partie des armes spéciales sont justiciables de ce conseil.

S'il y a plusieurs bataillons dans le même canton, les gardes nationaux des armes spéciales sont justiciables du même conseil de discipline que les compagnies de leur commune.

S'il y a plusieurs bataillons dans la même commune, le préfet détermine de quel conseil de discipline ces gardes nationaux sont justiciables.

Dans ces trois cas, les officiers, sous-officiers, caporaux et gardes nationaux des armes spéciales concourent pour la formation du tableau du conseil de discipline.

95. Tout garde national qui a été condamné deux fois par le conseil de discipline, ou une fois par le tribunal de police correctionnelle, est rayé pour une année du tableau servant à former le conseil de discipline.

SECTION III. *De l'instruction et des jugements.*

96. Le conseil de discipline est saisi, par le renvoi que lui fait le chef de corps, de tous les rapports, pro-

cès-verbaux ou plaintes constatant les faits qui peuvent donner lieu à une poursuite.

Lorsqu'il y aura lieu à poursuite contre le chef de corps, le conseil de discipline sera saisi par le préfet.

97. L'officier rapporteur fait citer l'inculpé.

La citation est portée à domicile par un agent de la force publique. Si cet agent appartient à un corps soldé, il ne peut être employé que sur la réquisition de l'autorité municipale.

98. En cas d'absence, tout membre du conseil de discipline non valablement excusé est condamné par le conseil de discipline à une amende de cinq francs à quinze francs au profit de la commune du contrevenant, et il est remplacé par l'officier, sous-officier, caporal ou garde national qui doit être appelé immédiatement après lui.

Dans les conseils de discipline des bataillons cantonaux, le juge absent est remplacé, d'après l'ordre du tableau, par un officier, sous-officier, caporal ou garde national du lieu où siége le conseil.

99. Le garde national cité comparaît en personne ou par un fondé de pouvoirs.

Il peut être assisté d'un conseil.

100. Si le prévenu ne comparaît pas au jour et à l'heure fixés par la citation, il est jugé par défaut.

L'opposition au jugement par défaut doit être formée dans le délai de trois jours, à compter de la notification du jugement. Cette opposition peut être faite par déclaration au bas de la signification. L'opposant est cité pour comparaître à la plus prochaine séance du conseil de discipline.

S'il n'y a pas opposition, ou si l'opposant ne comparaît pas à la séance indiquée, le jugement par défaut devient définitif.

101. L'instruction de chaque affaire devant le conseil est publique à peine de nullité.

La police de l'audience appartient au président, qui peut faire expulser ou arrêter quiconque troublerait l'ordre.

Si le trouble est causé par un délit, il est dressé procès-verbal par le secrétaire sur l'ordre du président.

L'auteur du trouble est jugé immédiatement par le conseil si c'est un garde national, et si la faute n'emporte qu'une peine que le conseil puisse prononcer.

Dans tout autre cas, le procès-verbal est transmis au procureur de la République, et, s'il y a lieu, le délinquant est mis à la disposition de ce magistrat.

102. L'instruction devant le conseil a lieu de la manière suivante :

Le secrétaire appelle l'affaire.

En cas de récusation, le conseil statue. Si la récusation est admise, le président appelle, selon les règles établies par l'article 98, les juges suppléants nécessaires pour compléter le conseil.

Si le prévenu décline la juridiction du conseil de discipline, le conseil statue d'abord sur sa compétence ; s'il se déclare incompétent, l'affaire est renvoyée devant qui de droit.

Les témoins, s'il en a été appelé par le rapporteur ou l'inculpé, sont entendus, après avoir prêté le serment prescrit par l'article 155 du Code d'instruction criminelle (1).

En cas de non-comparution, tout témoin non valablement excusé est condamné, par le conseil de discipline, à une amende de un franc au moins, et de quinze francs au plus.

---

(1) Voir la note G, pag. 57.

Le prévenu ou son conseil est entendu.

Le rapporteur donne ses conclusions.

L'inculpé ou son fondé de pouvoirs et son conseil peuvent présenter leurs observations.

Le conseil délibère en secret et hors de la présence du rapporteur; le jugement est motivé; il est prononcé en séance publique et signé du président et du secrétaire du conseil.

103. Les mandats d'exécution de jugement des conseils de discipline sont délivrés dans la même forme que ceux des tribunaux de simple police.

Toutefois, les agents de la force publique n'ont droit à aucune espèce d'indemnité pour la notification de même que pour l'exécution forcée des jugements emportant la peine de l'emprisonnement.

104. Il n'y a de recours contre les jugements définitifs des conseils de discipline que devant la cour de cassation, pour incompétence, excès de pouvoirs ou violation de la loi.

Le pourvoi en cassation est suspensif à l'égard des jugements prononçant soit l'emprisonnement, soit une autre peine avec mise à l'ordre, dans les cas prévus par les n° 2, 4 et 5 de l'article 72.

Le condamné est dispensé de la mise en état.

Dans tous les cas ce recours n'est assujetti qu'à l'amende de cinquante francs pour les jugements contradictoires, et de vingt-cinq francs pour les jugements par défaut.

L'amende sera déposée dans les dix jours du pourvoi sous peine de déchéance.

105. Le condamné a trois jours francs, à partir du jour de la notification, et le rapporteur a le même délai, à partir de la prononciation du jugement, pour se pourvoir en cassation.

106. Les jugements des conseils de discipline ne peuvent, en aucun cas, prononcer de condamnation aux dépens.

Tous actes de poursuite devant les conseils de discipline, tous jugements, recours et arrêts rendus en vertu de la présente loi, sont dispensés du timbre et enregistrés gratis.

TITRE V.

Des détachements de la garde nationale.

SECTION PREMIÈRE. *Appel et service des détachements.*

107. La garde nationale doit fournir des détachements :

1° En cas d'insuffisance de la gendarmerie et de la troupe de ligne, pour escorter, d'une ville à l'autre, les convois de poudre, de fonds ou d'effets appartenant à l'État, et pour la conduite des accusés, des condamnés et autres prisonniers;

2° Pour porter secours aux communes, arrondissements et départements voisins qui seraient troublés ou menacés par des émeutes, des séditions, ou par associations de malfaiteurs;

3° Pour porter secours d'un lieu dans un autre pour le maintien ou le rétablissement de l'ordre et de la paix publique.

108. Lorsque, dans les cas prévus par l'article précédent, des détachements de la garde nationale en service ordinaire doivent agir dans toute l'étendue de l'arrondissement, ils sont mis en mouvement sur la réquisition du sous-préfet, et s'ils doivent agir dans

toute l'étendue du département, sur la réquisition du préfet; si leur action doit s'étendre hors du département, ils sont mis en mouvement en vertu d'un décret du Président de la République.

Les contingents communaux sont réunis par canton, et les contingents cantonnaux par arrondissement, sous le commandement d'un officier supérieur en grade aux commandants particuliers des détachements communaux et cantonnaux; cet officier est désigné par le préfet ou le sous-préfet.

Un officier général ou supérieur de la garde nationale est investi, par le préfet, du commandement supérieur de la réunion des détachements de tout un département.

En cas d'urgence et sur la demande écrite du maire d'une commune en danger, les maires des communes limitrophes, sans distinction de département, peuvent requérir un détachement de la garde nationale de marcher immédiatement sur le point menacé, sauf à rendre compte, dans le plus bref délai, du mouvement et des motifs à l'autorité supérieure.

Dans tous ces cas, l'autorité militaire ne prend le commandement des détachements de la garde nationale que sur la réquisition de l'autorité administrative.

109. L'acte en vertu duquel, dans les cas déterminés par les deux articles précédents, la garde nationale est appelée à faire un service de détachement, fixe le nombre des hommes requis.

110. Lors de l'appel fait conformément aux articles précédents, le maire, assisté du commandant de la garde nationale de chaque commune, désigne, parmi les hommes inscrits sur le contrôle du service ordinaire, ceux qui devront faire partie du détachement, en commençant par les célibataires et les moins âgés.

111. Lorsque les détachements des gardes nationales s'éloignent de leur commune pendant plus de vingt-quatre heures, ils sont assimilés à la troupe de ligne pour la solde, l'indemnité de route et les prestations en nature.

112. Les détachements à l'intérieur ne peuvent être requis de faire, hors de leurs foyers, un service de plus de dix jours, que sur la réquisition du sous-préfet; un service de plus de vingt jours, que sur la réquisition du préfet; et un service de plus de soixante jours, qu'en vertu d'un décret du Président de la République.

SECTION II. *Discipline.*

113. Lorsque, conformément à l'article 108, la garde nationale doit fournir des détachements en service ordinaire, sur la réquisition du sous-préfet, du préfet, ou en vertu d'un décret, les peines de discipline sont fixées ainsi qu'il suit :

Pour les officiers, 1° les arrêts simples pour dix jours au plus ; 2° la réprimande avec mise à l'ordre; 3° les arrêts de rigueur pour six jours au plus ; 4° la prison pour six jours au plus.

Pour les sous-officiers, caporaux et soldats, 1° la consigne pour dix jours au plus ; la réprimande avec mise à l'ordre; 3° la salle de discipline pour six jours au plus; 4° la prison pour six jours au plus.

114. Les arrêts de rigueur, la prison et la réprimande avec mise à l'ordre ne peuvent être infligés que par le chef de corps ; les autres peines peuvent l'être par tout supérieur à son inférieur, à la charge d'en rendre compte dans les vingt-quatre heures, en observant la hiérarchie des grades.

115. La privation du grade pour les causes énoncées dans les articles 75 et 79 ne peut être prononcée que par le conseil de discipline, composé, selon les cas, conformément à la section II du titre IV.

Il n'y a qu'un seul conseil de discipline pour tous les détachements du même arrondissement de sous-préfecture. Les membres sont nommés par le commandant supérieur des détachements.

116. Tout garde national qui, désigné pour faire partie d'un détachement, refuse d'obtempérer à la réquisition ou quitte le détachement sans autorisation, est traduit en police correctionnelle, et puni d'un emprisonnement qui ne peut être inférieur à dix jours ni excéder trois mois ; s'il est oficier, sous-officier ou caporal, il est, en outre, privé de son grade.

TITRE VI.

Des Corps mobilisés.

Il sera pourvu par une loi spéciale à l'organisation et au service de la garde nationale mobilisée.

TITRE VII.

Dispositions spéciales.

118. Les gardes nationaux blessés dans l'accomplissement de leur service, leurs veuves et leurs enfants auront droit à des pensions, secours et récompenses qui seront déterminés par des lois spéciales.

119. Dans les deux ans qui suivront la promulgation de la présente loi, le Gouvernement procédera à l'organisation successive des corps de la garde nationale dans toutes les communes de la République. Il sera procédé aux élections immédiatement après cette réorganisation.

Dans le même délai, il sera procédé à l'inspection et, s'il y a lieu, au retrait provisoire des armes, là où le Gouvernement le jugera nécessaire, afin de pourvoir à une nouvelle répartition de l'armement.

Les gardes nationales dissoutes en vertu du paragraphe 1er de l'article 5 de la loi du 22 mars 1831 (1) ne seront réorganisées qu'à la même époque et dans le même délai.

Les corps actuels de la garde nationale et leur cadre sont maintenus jusqu'à l'organisation prescrite par le 1er paragraphe du présent article.

120. Sont abrogés les titres I, II, III, IV, V (2) de la loi du 22 mars 1831, les lois des 14 juillet 1877 et 30 avril 1846, les décrets ou arrêtés des 8 et 13 mars et du 30 avril 1848 sur la garde nationale, ainsi que toutes les dispositions relatives au service et à l'administration de la garde nationale qui seraient contraires à la présente loi.

Délibéré en séance publiqu', à Paris, les 8 avril, 28 mai et 13 juin 1851.

Le Président et les Secrétaires,

Signé DUPIN; LACAZE, CHAPOT, PEUPIN, BÉRARD, YVAN, MOULIN.

La présente loi sera promulguée et scellée du sceau de l'État.

Le Président de la République,

Signé LOUIS-NAPOLÉON BONAPARTE.

Le Garde des Sceaux Ministre de la justice,

Signé E. ROUHER.

(1) Voir la note H, pag. 53.
(2) Voir la note I, pag. 58.

LOIS, DÉCRETS ET ARTICLES DE LOIS

QUI SE RATTACHENT

A LA LOI SUR LA GARDE NATIONALE.

A (art. 8, pag. 4).

Art. 3 de la Loi du 24 mai 1834. Tout individu qui, sans y être légalement autorisé, aura fabriqué ou confectionné, débité ou distribué des armes de guerre, des cartouches et autres munitions de guerre, ou sera détenteur d'armes de guerre, cartouches ou munitions de guerre, ou d'un dépôt d'armes quelconques, sera puni d'un emprisonnement d'un mois à deux ans, et d'une amende de 16 fr. à 1000 francs.

La présente disposition n'est point applicable aux professions d'armurier et de fabricant d'armes de commerce, lesquelles resteront seulement assujéties aux lois et réglements particuliers qui les concernent.

B (art. 9, pag. 6).

Art. 8 de la loi du 31 mai 1850. Ne seront pas inscrits sur la liste électorale et ne pourront être élus :

1° Les individus désignés aux paragraphes 1, 2, 3, 5, 6 et 7 de l'art. 3 de la loi du 15 mars 1849.

Paragraphes 1, 2, 3, 5, 6 et 7 de l'art. 3 de la Loi du 15 mars 1849. §1er. Les individus privés de leurs droits civils e politiques par suite de condamnations, soit à des peines afflictives et infamantes, soit à des peines infamantes seulement.

§ 2. Ceux auxquels les tribunaux jugeant correctionnellement ont interdit le droit de vote et d'élection, par application des lois qui autorisent cette interdiction.

§ 3. Les condamnés pour crime à l'emprisonnement, par application de l'art. 463 du Code pénal.

Art. 463 du Code pénal. Dans tous les cas où la peine d'emprisonnement est portée par le présent Code, si le préjudice causé n'excède pas vingt-cinq francs, et si les circonstances paraissent atténuantes, les tribunaux sont autorisés à réduire l'emprisonnement même au-dessous de six jours, et l'amende même au-dessous de seize francs. Ils pourront aussi prononcer séparément l'une ou l'autre de ces peines, sans qu'en aucun cas elle puisse être au-dessous des peines de simple police.

§ 5. Ceux qui ont été condamnés à trois mois de prison par application des articles 318 et 423 du Code pénal.

Art. 318 du Code pénal. Quiconque aura vendu ou débité des boissons falsifiées contenant des mixtions nuisibles à la santé, sera puni d'un emprisonnement de six jours à deux ans, et d'une amende de seize francs à cinq cents francs.

Seront saisies et confisquées les boissons falsifiées trouvées appartenir au vendeur ou débitant.

Art. 423. Quiconque aura trompé l'acheteur sur le titre des matières d'or ou d'argent, sur la qualité d'une pierre fausse vendue pour fine, sur la nature de toutes marchandises ; quiconque, par usage de faux poids ou de fausses mesures, aura trompé sur la quantité des choses vendues, sera puni de l'emprisonnement pendant trois mois au moins, un an au plus, et d'une amende qui ne pourra excéder le quart des restitutions et dommages-intérêts, ni être au-dessous de cinquante francs.

Les objets du délit, ou leur valeur, s'ils appartiennent encore au vendeur, seront confisqués ; les faux poids et les fausses mesures seront aussi confisqués, et, de plus, seront brisés.

§ 6. Ceux qui ont été condamnés pour délit d'usure.

§ 7. Les interdits.

2° Les faillis non réhabilités dont la faillite a été déclarée soit par les tribunaux français, soit par jugements rendus à l'étranger, mais exécutoires en France.

3° Les individus désignés au paragraphe 4 de l'art. 3 de la Loi du 15 mars 1849, quelle que soit la durée de l'emprisonnement auquel ils ont été condamnés.

§ 4 *de l'art. 3 de la Loi du 15 mars 1849.* Les condamnés à trois mois de prison au moins pour vol, escroquerie, abus de confiance, soustraction commise par des dépositaires de deniers publics, ou attentat aux mœurs prévu par l'art. 334 du Code pénal.

Art. 334 du Code pénal. Quiconque aura attenté aux mœurs, en excitant, favorisant ou facilitant habituellement la débauche ou la corruption de la jeunesse de l'un ou de l'autre sexe au-dessous de l'âge de vingt-un ans, sera puni d'un emprisonnement de six mois à deux ans et d'une amende de 50 fr. à 500 fr.

Si la prostitution ou la corruption a été excitée, favorisée ou facilitée par leurs pères, mères, tuteurs ou autres personnes chargées de leur surveillance, la peine sera de deux ans à cinq ans d'emprisonnement et de 300 fr. à 1000 fr. d'amende.

4° Les individus condamnés à l'emprisonnement en vertu de l'art. 330 du Code pénal.

Art. 330 du Code pénal. Toute personne qui aura commis un outrage public à la pudeur sera puni d'un emprisonnement de trois mois à un an, et d'une amende de 16 fr. à 200 fr.

5° Les individus qui, par application de l'article 8 de la Loi du 17 mai 1819 et de l'art. 3 du décret du

11 août 1848, auront été condamnés pour outrage à la morale publique et religieuse ou aux bonnes mœurs, et pour attaque contre le principe de la propriété et les droits de la famille.

Art. 8 de la Loi du 17 mai 1849. Tout outrage à la morale publique et religieuse ou aux bonnes mœurs, par l'un des moyens énoncés en l'art. 1er, sera puni d'un emprisonnement d'un mois à un an et d'une amende de 16 fr. à 500 francs.

Art. 1er de la même loi. Quiconque, soit par des discours, des cris ou des menaces proférés dans des lieux ou réunions publics, soit par des écrits, des imprimés, des dessins, des gravures, des peintures ou emblèmes, vendus ou distribués, mis en vente ou exposés dans des lieux ou réunions publics, soit par des placards et affiches exposés aux regards du public, aura provoqué l'auteur ou les auteurs de toute action qualifiée crime ou délit à la commettre, sera réputé complice et puni comme tel.

Art. 3 du décret du 11 août 1848. L'attaque, par l'un de ces moyens (*énoncés en l'art 1er ci-dessus de la loi du 17 mai 1849*), contre la liberté des cultes, le principe de la propriété et les droits de la famille, sera punie d'un emprisonnement d'un mois à trois ans, et d'une amende de 100 fr. à 4000 francs.

6° Les individus condamnés à plus de trois mois d'emprisonnement en vertu des art. 98, 100, 101, 102, 103, 105, 106, 107, 108, 109, 112 et 113 de la Loi du 15 mars 1849.

Art. 98 de la loi du 15 mars 1849. Toute personne qui se sera fait inscrire sur la liste électorale sous de faux

noms ou de fausses qualités, ou aura, en se faisant in-
scrire, dissimulé une incapacité prévue par la loi, ou aura
réclamé et obtenu son inscription sur deux ou plusieurs
listes, sera punie d'un emprisonnement d'un mois à un
an, et d'une amende de 100 fr. à 1000 francs.

100. Quiconque aura voté dans une assemblée électo-
rale, soit en vertu d'une inscription obtenue dans les deux
premiers cas prévus par l'article 98 (*ci.dessus cité*), soit
en prenant faussement les noms et qualités d'un électeur
inscrit sera puni d'un emprisonnement de six mois à deux
ans, et d'une amende de 200 fr. à 2000 francs.

101. Sera puni de la même peine tout citoyen qui aura
profité d'une inscription multiple pour voter plus d'une
fois.

102. Quiconque, étant chargé, dans un scrutin, de re-
cevoir, compter ou dépouiller les bulletins contenant les
suffrages des citoyens, aura soustrait, ajouté ou altéré des
bulletins, ou lu des noms autres que ceux inscrits, sera
puni d'un emprisonnement d'un an à cinq ans, et d'une
amende de 500 fr. à 5000 francs.

103. La même peine sera appliquée à tout individu
qui, chargé par un électeur d'écrire son suffrage, aura
inscrit sur le bulletin des noms autres que ceux qui lui
étaient désignés.

105. Quiconque aura donné, promis ou reçu des de-
niers, effets ou valeurs quelconques, sous la condition,
soit de donner ou de procurer un suffrage, soit de s'abs-
tenir de voter, sera puni d'un emprisonnement de trois
mois à deux ans, et d'une amende de 500 fr. à 5000 fr.

Seront punis des mêmes peines ceux qui, sous les mêmes
conditions, auront fait ou accepté l'offre ou la promesse
d'emplois publics ou privés, ou de tout autre avantage,
soit individuel, soit collectif.

Si le coupable est fonctionnaire public, la peine sera du double.

106. Ceux qui, par voies de fait, violences ou menaces contre un électeur, soit en lui faisant craindre de perdre son emploi, ou d'exposer à un dommage sa personne, sa famille ou sa fortune, l'auront déterminé, ou auront tenté de le déterminer à s'abstenir de voter, ou auront, soit influencé, soit tenté d'influencer son vote, seront punis d'un emprisonnement d'un mois à un an et d'une amende de 100 francs à 2000 francs.

La peine sera du double si le coupable est fonctionnaire public.

107. Ceux qui, à l'aide de fausses nouvelles, bruits calomnieux ou autres manœuvres frauduleuses, auront surpris ou détourné, tenté de surprendre ou de détourner des suffrages, déterminé ou tenté de déterminer un ou plusieurs électeurs à s'abstenir de voter, seront punis d'un emprisonnement d'un mois à un an et d'une amende de 100 fr. à 2,000 fr.

108. Lorsque, par attroupements, clameurs ou démonstrations menaçantes, on aura troublé les opérations d'un collége électoral, porté ou tenté de porter atteinte à l'exercice du droit électoral ou à la liberté du vote, les coupables seront punis d'un emprisonnement de trois mois à deux ans et d'une amende de 100 fr. à 2,000 fr.

109. Toute irruption dans un collége électoral consommée ou tentée avec violence en vue d'interdire ou d'empêcher un choix, sera punie d'un emprisonnement d'un an à cinq ans et d'une amende de 1,000 fr. à 5,000 fr.

112. Les membres d'un collége électoral qui, pendant la réunion, se seront rendus coupables d'outrages ou de violence, soit envers le bureau, soit envers l'un de ses

membres, ou qui, par voies de fait ou menaces, auront retardé ou empêché les opérations électorales, seront punis d'un emprisonnement d'un mois à un an et d'une amende de 100 fr. à 2,000 fr.

Si le scrutin a été violé, l'emprisonnement sera d'un an à cinq ans et l'amende de 1,000 fr. à 5,000 fr.

113. L'enlèvement de l'urne contenant les suffrages émis et non encore dépouillés sera puni d'un emprisonnement d'un an à cinq ans et d'une amende de 1,000 fr. à 5,000 fr.

Si cet enlèvement a été effectué en réunion et avec violence, la peine sera la réclusion.

7° Les notaires, greffiers et officiers ministériels destitués en vertu de jugements ou de décisions judiciaires.

8° Les condamnés pour vagabondage ou mendicité.

9° Ceux qui auront été condamnés à trois mois de prison au moins par application des articles 439, 443, 444, 445, 446, 447 et 452 du Code pénal.

Art. 439 du Code pénal. Quiconque aura volontairement brûlé, ou détruit d'une manière quelconque des registres, minutes ou actes originaux de l'autorité publique, des titres, billets, lettres de change, effets de commerce ou de banque contenant ou opérant obligation, disposition ou décharge sera puni ainsi qu'il suit :

Si les pièces détruites sont des actes de l'autorité publique ou des effets de commerce ou de banque, la peine sera la réclusion.

S'il s'agit de toute autre pièce, le coupable sera puni

d'un emprisonnement de deux ans à cinq ans et d'une amende de 100 fr. à 300 fr.

443. Quiconque, à l'aide d'une liqueur corrosive ou par tout autre moyen, aura volontairement gâté des marchandises ou matières servant à fabrication, sera puni d'un emprisonnement d'un mois à deux ans et d'une amende qui ne pourra excéder le quart des dommages-intérêts ni être moindre de 16 fr.

Si le délit a été commis par un ouvrier de la fabrique ou par un commis de la maison de commerce, l'emprisonnement sera de deux à cinq ans, sans préjudice de l'amende, ainsi qu'il vient d'être dit.

444. Quiconque aura dévasté des récoltes sur pied ou des plants venus naturellement ou faits de main d'homme, sera puni d'un emprisonnement de deux ans au moins, de cinq ans au plus.

Les coupables pourront de plus être mis, par l'arrêt ou le jugement, sous la surveillance de la haute police pendant cinq ans au moins et dix ans au plus.

445. Quiconque aura abattu un ou plusieurs arbres qu'il savait appartenir à autrui, sera puni d'un emprisonnement qui ne sera pas au-dessous de six jours ni au dessus de six mois, à raison de chaque arbre, sans que la totalité puisse excéder cinq ans.

446. Les peines seront les mêmes à raison de chaque arbre mutilé, coupé ou écorcé de manière à le faire périr.

447. S'il y a eu destruction d'une ou de plusieurs greffes, l'emprisonnement sera de six jours à deux mois à raison de chaque greffe, sans que la totalité puisse excéder deux ans

452. Quiconque aura empoisonné des chevaux ou autres bêtes de voiture, de monture ou de charge, des

bestiaux à cornes, des moutons, chèvres ou porcs, ou des poissons dans des étangs, viviers ou réservoirs, sera puni d'un emprisonnement d'un an à cinq ans et d'une amende de 16 fr. à 300 fr. Les coupables pourront être mis, par l'arrêt ou le jugement, sous la surveillance de la haute police pendant deux ans au moins et cinq ans au plus.

10° Ceux qui auront été déclarés coupables des délits prévus par les articles 410 et 411 du Code pénal et par la loi du 21 mai 1836 portant prohibition des loteries.

Art. 410 du Code pénal. Ceux qui auront tenu une maison de jeux de hasard et y auront admis le public, soit librement, soit sur la présentation des intéressés ou affiliés, les banquiers de cette maison, tous ceux qui auront établi ou tenu des loteries non autorisées par la loi, tous administrateurs, préposés ou agents de ces établissements, seront punis d'un emprisonnement de deux mois au moins et de six mois au plus, et d'une amende, de 100 fr. à 6,000 fr.

Les coupables pourront être de plus, à compter du jour où ils auront subi leur peine, interdits, pendant cinq ans au moins et dix ans au plus des droits mentionnés en l'art. 42 du présent Code.

Dans tous les cas, seront confisqués tous les fonds ou effets qui seront trouvés exposés au jeu ou mis à la loterie, les meubles, instruments, ustensiles, appareils employés ou destinés au service des jeux ou des loteries, les meubles et les effets mobiliers dont les lieux seront garnis ou décorés.

Art. 42 du Code pénal. Les tribunaux, jugeant correctionnellement, pourront, dans certains cas, interdire en tout ou en partie l'exercice des droits civiques, civils et de famille suivants :

1. De vote et d'élection ;

2. D'éligibilité ;

3. D'être appelé ou nommé aux fonctions de juré ou autres fonctions publiques, ou aux emplois de l'administration, ou d'exercer ces fonctions ou emplois ;

4. De port d'armes ;

5. De vote et de suffrage dans les délibérations de famille ;

6. D'être tuteur, curateur, si ce n'est de ses enfants, et sur l'avis seulement de la famille.

7. D'être expert ou employé comme témoin dans les actes ;

8. De témoignage en justice autrement que pour y faire de simples déclarations.

411. Ceux qui auront établi ou tenu des maisons de prêt sur gages ou nantissement sans autorisation légale, ou qui, ayant une autorisation, n'auront pas tenu un registre conforme aux réglements, contenant de suite, sans aucun blanc ni interligne, les sommes ou les objets prêtés, les noms, domicile et profession des emprunteurs, la nature, la qualité, la valeur des objets mis en nantissement, seront punis d'un emprisonnement de quinze jours au moins, de trois mois au plus et d'une amende de 100 fr. à 2,000 fr.

Loi du 21 *mai* 1836. Article 1er Les loteries de toute espèce sont prohibées.

2. Sont réputées loteries et interdites comme telles :

Les ventes d'immeubles, de meubles ou de marchandises effectuées par la voie du sort, ou auxquelles auraient été réunies des primes ou autres bénéfices dus aux hasard, et généralement toutes opérations offertes au public pour faire naître l'espérance d'un gain qui serait acquis par la voie du sort.

3. La contravention à ces prohibitions sera punie des peines portées à l'art. 410 du Code pénal (*cité pag.* 49).

S'il s'agit dé loteries d'immeubles, la confiscation pro-
noncée par ledit article sera remplacée, à l'égard du pro-
priétaire de l'immeuble mis en loterie, par une amende
qui pourra s'élever jusqu'à la valeur estimative de cet im-
meuble.

En cas de seconde ou ultérieure condamnation l'em-
prisonnement et l'amende portés en l'art. 410 (*cité pag.* 49)
pourront être élevés au double du maximum.

Il pourra, dans tous les cas, être fait application de
l'art. 463 du Code pénal (*cité pag.* 42).

4. Ces peines seront encourues par les auteurs, entre-
preneurs ou agents des loteries françaises ou étrangères,
ou des opérations qui leur sont assimilées.

Ceux qui auront colporté ou distribué les billets, ceux
qui, par des avis, annonces, affiches ou par tout autre
moyen de publication, auront fait connaître l'existence de
ces loteries ou facilité l'émission des billets, seront punis
des peines portées en l'art. 411 du Code pénal (*cité pag.* 50).
Il sera fait application, s'il y a lieu, des deux dernières
dispositions de l'article précédent.

5. Sont exceptées des dispositions des art. 1er et 2 ci-
dessus les loteries d'objets mobiliers exclusivement desti-
nés à des actes de bienfaisance ou à l'encouragement des
arts, lorsqu'elles auront été autorisées dans les formes
qui seront déterminées par des règlements d'administration
publique.

11° Les militaires condamnés au boulet ou aux
travaux publics ;

12° Les individus condamnés à l'emprisonnement
par application des art. 38, 41, 43 et 45 de la loi du
21 mars 1832 sur le recrutement de l'armée.

Art. 38 *de la loi du* 21 *mars* 1832. Toutes fraudes ou

manœuvres par suite desquelles un jeune homme aura été omis sur les tableaux de recensement seront déférées aux tribunaux ordinaires et punies d'un emprisonnement d'un mois à un an.

Le jeune homme omis, s'il a été condamné comme auteur ou complice desdites fraudes ou manœuvres, sera, à l'expiration de sa peine inscrit sur la liste du tirage.

41. Les jeunes gens appelés à faire partie du contingent de leur classe qui seront prévenus de s'être rendus impropres au service militaire soit temporairement, soit d'une manière permanente, dans le but de se soustraire aux obligations imposées par la présente loi, seront déférés aux tribunaux par les conseils de révision, et, s'ils sont reconnus coupables, ils seront punis d'un emprisonnement d'un mois à un an.

Seront également déférés aux tribunaux et punis de la même peine les jeunes soldats qui, dans l'intervalle de la clôture du contingent de leur canton à leur mise en activité se seront rendus coupables du même délit.

A l'expiration de leur peine, les uns et les autres seront à la disposition du ministre de la guerre pour le temps que doit à l'État la classe dont ils font partie.

La peine portée au présent article sera prononcée contre les complices. Si les complices sont des médecins, chirurgiens, officiers de santé ou pharmaciens, la durée de l'emprisonnement sera de deux mois à deux ans, indépendamment d'une amende de 200 francs à 1,000 francs qui pourra être prononcée, et sans préjudice de peines plus graves, dans les cas prévus par le Code pénal.

43. Toute substitution, tout remp'acement effectué, soit en contravention des dispositions de la présente loi, soit au moyen de pièces fausses ou de manœuvres frauduleuses, sera déféré aux tribunaux et, sur le jugement

uiprononcerait la nullité de l'acte de substitution ou de remplacement, l'appelé sera tenu de rejoindre son corps ou de fournir un remplaçant dans le délai d'un mois à dater de la notification de ce jugement.

Quiconque aura sciemment concourru à la substitution ou au remplacement frauduleux, comme auteur ou complice, sera puni d'un emprisonnement de trois mois à deux ans, sans préjudice de peines plus graves en cas de faux.

45. Les médecins, chirurgiens ou officiers de santé qui, appelés au conseil de révision à l'effet de donner leur avis, auront reçu des dons ou agréé des promesses pour être favorables aux jeunes gens qu'ils doivent examiner, seront punis d'un emprisonnement de deux mois à deux ans.

Cette peine leur sera appliquée, soit qu'au moment des dons ou promesses ils aient déjà été désignés pour assister au conseil, soit que les dons ou promesses aient été agréés dans la prévoyance des fonctions qu'ils auraient à y remplir.

Il leur est défendu, sous la même peine, de rien recevoir, même pour une réforme justement prononcée.

C (art. 9, pag. 6).

Loi du 27 mars 1851. Article 1er. Seront punis des peines portées par l'art. 423 du Code pénal (*cité pag.* 42) :

1° Ceux qui falsifieront des substances ou denrées alimentaires ou médicamenteuses destinées à être vendues ;

2° Ceux qui vendront ou mettront en vente des substances ou denrées alimentaires ou médicamenteuses qu'ils sauront être falsifiées ou corrompues ;

3° Ceux qui auront trompé ou tenté de tromper

sur la quantité des choses livrées les personnes aux-
quelles ils vendent ou achètent, soit par l'usage de
faux poids ou de fausses mesures, ou d'instruments
inexacts servant au pesage ou mesurage, soit par
des manœuvres ou procédés tendant à fausser l'opé-
ration du pesage ou mesurage ou à augmenter
frauduleusement le poids ou le volume de la mar-
chandise, même avant cette opération, soit, enfin,
par des indications frauduleuses tendant à faire croire
à un pesage ou mesurage antérieur et exact.

2. Si, dans les cas prévus par l'art. 423 du Code
pénal (*cité pag.* 42) ou par l'art. 1er de la présente
loi, il s'agit d'une marchandise contenant des mix-
tions nuisibles à la santé, l'amende sera de 50 à
500 fr., à moins que le quart des restitutions et dom-
mages-intérêts n'excède cette dernière somme, l'em-
prisonnement sera de trois mois à deux ans.

Le présent article sera applicable même au cas
où la falsification nuisible serait connue de l'acheteur
ou consommateur.

4. Lorsque le prévenu, convaincu de contraven-
tion à la présente loi ou à l'art. 423 du Code pénal
(*cité pag.* 42) aura, dans les cinq années qui ont
précédé le délit, été condamné pour infraction à la
présente loi ou à l'art. 423, la peine pourra être
élevée jusqu'au double du maximum. L'amende pro-
noncée par l'art. 423 et par les art. 1 et 2 de la pré-
sente loi pourra même être portée jusqu'à 1,000 fr.,
si la moitié des restitutions et dommages-intérêts
n'excède pas cette somme; le tout sans préjudice de
l'application, s'il y a lieu, des art. 57 et 58 du Code
pénal.

Art. 57 du Code pénal. Quiconque, ayant été condamné pour

un crime, aura commis un délit de nature à être puni correc-
tionnellement, sera condamné au maximum de la peine portée
par la loi, et cette peine pourra être élevée jusqu'au double.

58. Les coupables condamnés correctionnellement à un em-
prisonnement de plus d'une année seront aussi, en cas de nou-
veau délit, condamnés au maximum de la peine portée par la
loi, et cette peine pourra être élevée jusqu'au double ; ils seront
de plus mis sous la surveillance spéciale du gouvernement pen-
dant au moins cinq années, et dix ans au plus.

D (art. 19, pag 9).

Art. 13 du Code civil. L'étranger qui aura été
admis par l'autorisation du roi à établir son domi-
cile en France, y jouira de tous les droits civils tant
qu'il continuera d'y résider.

E (art. 81, pag. 28).

Art. 408 du Code pénal. Quiconque aura dé-
tourné ou dissipé, au préjudice du propriétaire, pos-
sesseur ou détenteur des effets, deniers, marchan-
dises, billets, quittances ou tous autres écrits conte-
nant ou opérant obligation ou décharge, qui ne lui
auraient été remis qu'à titre de dépôt ou pour un
travail salarié, à la charge de les rendre, ou repré-
senter, ou d'en faire un usage ou un emploi déter-
miné, sera puni des peines portées dans l'art. 406.

Le tout sans préjudice de ce qui est dit aux arti-
cles 254, 255 et 256 relativement aux soustractions
et enlèvements de deniers, effets ou pièces, commis
dans les dépôts publics.

Art. 406, Quiconque aura abusé des besoins, des faiblesses ou des passions d'un mineur, pour lui faire souscrire, à son préjudice, des obligations, quittances ou décharges, pour prêt d'argent ou de choses mobilières, ou d'effets de commerce, ou de tous autres effets obligatoires, sous quelque forme que cette négociation ait été faite ou déguisée, sera puni d'un emprisonnement de deux mois au moins, de deux ans au plus, et d'une amende qui ne pourra excéder le quart des restitutions et des dommages-intérêts qui seront dus aux parties lésées, ni être moindre de 25 francs.

La disposition portée au 2e paragraphe du précédent article pourra de plus être appliquée.

2e paragraphe de l'art. 405. Le coupable pourra être, en outre, à compter du jour où il aura subi sa peine, interdit, pendant cinq ans au moins et dix ans au plus, des droits mentionnés en l'art. 42 (*cité pag.* 49) du présent code : le tout sauf les peines plus graves, s'il y a crime de faux.

Art. 254. Quant aux soustractions, destructions et enlèvements de pièces ou de procédures criminelles, ou d'autres papiers, registres, actes et effets contenus dans des archives, greffes ou dépôts publics, ou remis à un dépositaire public en cette qualité, les peines seront, contre les greffiers, archivistes, notaires ou autres dépositaires négligents, de trois mois à un an d'emprisonnement et d'une amende de 100 francs à 300 francs.

Art. 255. Quiconque se sera rendu compable des soustractions, enlèvements ou destructions mentionnés en l'article précédent, sera puni de la réclusion.

Si le crime est l'ouvrage du dépositaire lui-même, il sera puni des travaux forcés à temps.

Art. 256. Si le bris de scellés, les soustractions, enlèrements ou destructions de pièces ont été commis avec violence envers les personnes, la peine sera, contre toute personne, celle des travaux forcés à temps, sans préjudice de peines plus fortes, s'il y a lieu, d'après la nature des violences et des autres crimes qui y seraient joints.

F (art. 84, pag. 29).

Art. 231 *du Code pénal*. Tout commandant, tout officier ou sous-officier de la force publique qui, après en avoir été légalement requis par l'autorité civile, aura refusé de faire agir la force à ses ordres, sera puni d'un emprisonnement d'un mois à trois mois, sans préjudice des réparations civiles qui pourraient être dues aux termes de l'art. 10 du même Code.

10. La condamnation aux peines établies par la loi est toujours prononcée sans préjudice des restitutions et dommages-intérêts qui peuvent être dus aux parties.

Art. 258 *du Code pénal*. Quiconque, sans titre, se sera immiscé dans des fonctions publiques, civiles ou militaires, ou aura fait les actes d'une de ces fonctions, sera puni d'un emprisonnement de deux à cinq ans, sans préjudice de la peine de faux, si l'acte porte le caractère de ce crime.

G (art. 102, pag. 34).

Art. 155 *du Code d'instruction criminelle*. Les témoins feront à l'audience, sous peine de nullité, le serment de dire toute la vérité, rien que la vérité ; et le greffier en tiendra note, ainsi que de leurs noms, prénoms, âge, profession et demeure, et de leurs principales déclarations.

H (art. 119, pag. 40).

Paragraphe 1er *de l'art* 5 *de la loi du* 22 *mars* 1831. Cette organisation (*des gardes nationales*) sera permanente, toutefois le roi pourra suspendre ou dissoudre la garde nationale en des lieux déterminés.

I (art. 120, pag. 40).

Titre VI, non abrogé de la loi du 22 *mars* 1831 :

TITRE VI.

Des corps détachés de la garde nationale pour le service de guerre.

SECTION PREMIÈRE. *Appel et service des corps détachés.*

138. La garde nationale doit fournir des corps détachés pour la défense des places fortes, des côtes et des frontières du royaume, comme auxiliaires de l'armée active.

Le service de guerre des corps détachés de la garde nationale, comme auxiliaires de l'armée, ne pourra pas durer plus d'une année.

139· Les corps détachés ne pourront être tirés de la garde nationale qu'en vertu d'une loi spéciale, ou, pendant l'absence des Chambres, par une ordonnance du roi, qui sera convertie en loi lors de la première session.

140. L'acte en vertu duquel la garde nationale est appelée à fournir des corps détachés pour le service de guerre, fixera le nombre des hommes requis.

SECTION II. *Désignation des gardes nationaux pour la formation des corps détachés.*

141. Lors de l'appel fait en vertu d'une loi ou d'une ordonnance, conformément à l'article 139, les corps détachés de la garde nationale se composeront :

1° Des gardes nationaux qui se présenteront volontairement, et qui seront trouvés propres au service actif ;

2° Des jeunes gens de dix-huit à vingt ans qui se présenteront volontairement, et qui seront également reconnus propres au service actif.

3° Si ces enrôlements ne suffisaient pas pour compléter le contingent demandé, les hommes seront désignés dans l'ordre spécifié dans l'art. 143 ci-après.

142. Les jeunes gens de dix-huit à vingt ans, enrôlés volontaires, ou remplaçants dans les corps détachés de la garde nationale, resteront soumis à la loi de recrutement ;

Mais le temps que les volontaires auront servi dans les corps détachés de la garde nationale leur comptera en déduction de leur service dans l'armée régulière, si plus tard ils y sont appelés.

143. Les désignations des gardes nationaux pour les corps détachés seront faites par le conseil de re-

censement de chaque commune, parmi tous les ins-
crits sur le contrôle du service ordinaire, et sur ce-
lui du service extraordinaire, dans l'ordre qui suit :

1re classe : Les célibataires ;

Seront considérés comme célibataires tous ceux qui,
postérieurement à la promulgation de la présente loi,
se marieraient avant d'avoir atteint l'âge de vingt-trois
ans;

2° Les veufs sans enfants ;

3° Les mariés sans enfants ;

4° Les mariés avec enfants.

144. Pour la classe des célibataires, les contin-
gents seront répartis proportionnellement au nom-
bre d'hommes appartenant à chaque année, depuis
vingt jusqu'à trente-cinq ans.

Dans chaque année, la désignation se fera d'après
l'age.

Pour chaque année, depuis vingt ans jusqu'à vingt-
trois, les veufs et mariés seront considérés comme
plus âgés que les célibataires de cette année, aux-
quels ils sont assimilés par l'art. 143, paragraphe
premier.

Dans chacune des autres classes successives, les
appels seront toujours faits en commençant par les
moins âgés, jusqu'à l'âge de trente ans.

145. L'aîné d'orphelins mineurs de père et de mère,
le fils unique ou l'aîné des fils, ou, à défaut de fils,
le petit-fils cu l'aîné des petits-fils d'une femme ac-
tuellement veuve, d'un père aveugle ou d'un vieil-
lard septuagénaire, prendront rang, dans l'appel au
service des corps détachés, entre les mariés sans
enfants et les mariés avec enfants.

146. En cas de réclamations pour les désignation

faites par le conseil de recensement, il sera statué par le jury de révision.

147. Ne sont point aptes au service des corps détachés :

1° Les gardes nationaux qui n'auront pas la taille fixée par la loi de recrutement (1) ;

2° Ceux que des infirmités constatées rendront impropres au service militaire.

148. L'aptitude au service sera jugée par un conseil de révision, qui se réunira dans le lieu où devra se former le bataillon.

Le conseil se composera de sept membres, savoir:

Le préfet, président, et, à son défaut, le conseiller de préfecture qu'il aura délégué ;

Trois membres du conseil de recensement, désignés par le préfet, parmi les membres des conseils de recensement des communes qui concourront à la formation du bataillon ;

Le chef de bataillon, .

Et deux des capitaines dudit bataillon, nommés par le général commandant la subdivision militaire ou le département.

149. Les conseils de révision apprécieront les motifs d'exemption relatifs au nombre des enfants.

150. Les gardes nationaux qui ont des remplaçants à l'armée ne sont pas dispensés du service de la garde nationale, dans les corps détachés: toutefois ils ne prendront rang dans l'appel qu'après les veufs sans enfants.

151. Le garde national désigné pour faire partie d'un corps détaché pourra se faire remplacer par un Français agé de dix-huit à quarante ans.

---

(1) Un mètre 54 centimètres (4 pieds 9 pouces).

Le remplaçant devra être agréé par le conseil de révision.

152. Si le remplaçant est appelé à servir pour son compte dans un corps détaché de la garde nationale, le remplacé sera tenu d'en fournir un autre ou de marcher lui-même.

153. Le remplacé sera, pour le cas de désertion, responsable de son remplaçant.

154. Lorsqu'un garde national porté sur le rôle du service ordinaire se sera fait remplacer dans un corps détaché de la garde nationale, il ne cessera pas pour cela de concourir au service ordinaire de la garde nationale.

SECTION III. *Formation, Nomination aux emplois et Administration des corps détachés de la garde nationale.*

155. Les corps détachés de la garde nationale, en vertu des articles 138 et 139, seront organisés par bataillon d'infanterie, et par escadron ou compagnie pour les autres armes. Le roi pourra ordonner la réunion de ces bataillons ou escadrons en légions.

156. Des ordonnances du roi détermineront l'organisation des bataillons, escadrons et compagnies; le nombre, le grade des officiers; la composition et l'installation des conseils d'administration.

157. Pour la première organisation, les caporaux et sous-officiers, les sous-lieutenants et lieutenants, seront élus par les gardes nationaux. Néanmoins, les fourriers, sergents-majors, maréchaux des-logis-chefs et adjudants-sous-officiers, seront désignés par les capitaines et nommés par les chefs de corps.

Les officiers comptables, les adjudants-majors, les

capitaines et les officiers-supérieurs seront à la nomination du roi.

158. Les officiers à la nomination du roi pourront être pris indistinctement dans la garde nationale, dans l'armée ou parmi les militaires en retraite.

159. Les corps détachés de la garde nationale, comme auxiliaires de l'armée, sont assimilés pour la solde et les prestations en nature à la troupe de ligne.

Une ordonnance du roi déterminera les premières mises, les masses et les accessoires de la solde.

Les officiers, sous-officiers et soldats, jouissant d'une pension de retraite, cumuleront, pendant la durée du service, avec la solde d'activité des grades qu'ils auront obtenus dans les corps détachés de la garde nationale.

160. L'uniforme et les marques distinctives des corps détachés seront les mêmes que ceux de la garde nationale en service ordinaire.

Le gouvernement fournira l'habillement, l'armement et l'équipement aux gardes nationaux qui n'en seraient pas pourvus, ou qui n'auraient pas le moyen de s'équiper et de s'armer à leurs frais.

SECTION IV. *Discipline des corps détachés.*

161. Lorsque les corps détachés de la garde nationale seront organisés, il seront soumis à la discipline militaire,

Néanmoins, lorsque les gardes nationaux refuseront d'obtempérer à la réquisition, ils seront punis d'un emprisonnement qui ne pourra excéder deux ans ; et lorsqu'ils quitteront leurs corps sans autorisation, hors de la présence de l'ennemi, ils seront punis d'un emprisonnement qui ne pourra excéder trois ans.